誰でも
できる!

アサーティブ
トレーニング
ガイドブック

みんなが笑顔になるために

海原純子

金剛出版

推薦の辞

このたび海原純子先生の素晴らしい「アサーティブ・トレーニングガイドブック」が刊行されます。

海原先生は昭和女子大学で「アサーティブ講座」を開講していただいていますが大変人気があり、新幹線や航空機で通っている受講者もいるほどです。その人気講座のエッセンスを一冊の本にまとめていただいたのがこの本です。

アサーティブというのは日本人である私たちにとって新しい概念です。日本の職場でも友達付き合いでも周りに気を使わないで自分の意見をはっきり言う人は「癖のある人、むつかしい人」と思われがちです。

とりわけ女性は今までは周囲と波風を立てないで穏やかに「女らしく」ふるまうよう育てられてきました。自分の意見を表明しない、忍耐する、遠慮してふるまう、謙譲であることが美徳であると成長の過程で周囲から刷り込まれてきました。その結果、意見を表明しないだけでなく、自分は何をしたいか、どう生きたいか、考えることから目を背け、自分を押さえつけるのが習慣になってきました。そうしているうちに自分の意見そのものがなくなっている女性も少なくありません。率直な自分の意見を表明する方法がわからない。むつかしい状況から逃げたり、言い訳するのが癖になって、他人へ責任転嫁したり、思ってもいないことを口にしていると、他者との信頼関係も築くことができません。中には自分の気持ちを抑圧しすぎて体の変調をきたしている人さえいます。本の中で紹介されている女性たちの事例に「そういえば自分もそうだ」と思い当たる人もたくさんいるはずです。

女性はとかく意識しないうちに「家事は女性の仕事、それをしないとどんなに仕事をしていても、女性として失格」「家族の都合を自分の予定より優先」「ノーというと他人の評価が落ちる」などの心の罠にとらわれがちです。それを乗り越えてもっと自分に自信を持つ、自分の人生を自分でコントロールする、いい人すぎない自分になるために、アサーティブになることが必要だとこの本を読んでいると納得できます。

この本には具体的に状況を把握し、自分の気持ちを整理し、いつどのようにイエスといい、ノーと言うか。相手の気持ちを傷つけないで自分の気持ちを明確に伝えるにはどうすればよいか、という具体的なスキルが示されています。「そうだ。こうすればいいのだ」という知恵を身につけ、勇気を持って一歩踏み出そう、と自分を励ましてくれる本です。

昭和女子大学 理事長・総長　坂東眞理子

目次

第1章
アサーティブとは

一　アサーティブとは？

アサーティブという言葉をご存知でしょうか？
なじみがないという方も多いと思います。assertiveを辞書で調べると「正当に主張する、積極的な、はっきり自分の意見を述べる、自分に自信を持った」というように訳されています。でもこれは少しニュアンスが違うかな、という気がします。例えばプライバシーやジェンダーという言葉が一言の日本語では訳しきれないように、アサーティブという言葉も一言では訳しきれないと思うのです。

一言で訳しきれないということは、「これまでの日本社会の概念にはなかった」と言い換えることもできます。〝プライバシー〟も〝ジェンダー〟も結局外来語としてそのままカタカナで日本語として定着し使われているように〝アサーティブ〟もそのままアサーティブとして欧米の社会概念をふまえ、カタカナで受け入れてもいいかもしれません。

欧米におけるアサーティブの概念は「正直に居心地よく自分の気持ちを表現すること、他者の権利を否定せず尊重しながら自分の権利を使えること」であり、自分も相手も大切にした誠実で対等な人間関係を築くコミュニケーションのあり方です。アサーティブは一九八〇年代から欧米の女性を中心に注目されている概念で、日本ではちょうど男女機会均等法のスタートとともに知られるようになったものの、その後は一般に浸透しないまま時が過ぎているようです。

アサーティブは、相手を攻撃することではなく、一方的に自分の意見を主張することでもなく、相手も自分も「OK」というスタンスに立ち、コミュニケーションを取るということです。相手の言うままになり自分をおさえてしまうというコミュニケーション、つまり相手は「OK」自分は「NO」という形だったり、自分が一方的に意見を通すという自分ファースト、相手は「NO」だったり、会話そのものを避けてしまったり、仕方なく妥協したりという会話形式ではなく、相手も自分も「OK」というゴールを目指してかかわるコミュニケーションのことです。

日本では、女性は控えめで、おとなしく相手の言うことをきき、従順を「よし」とする文化がありますし、その傾向は二一世紀になったいまでもなお残っている意識かもしれません。それだけに相手も自分も「OK」というスタンスは、トレーニングをしないとなかなか難しいかもしれません。英語の発音と同じで、トレーニングを必要とするのがアサーティブであるとも言えるでしょう。

二　なぜアサーティブが必要なのでしょうか？

アサーティブな関係ではなく、自分の意見を言わずに我慢しているとどうなるのでしょうか。

嫌だなぁと思いながら自分の意見を言わず相手に従う場合、心にうっぷんや不満が残ります。この不満を解消するために陰で相手の悪口を言ったり遠回しに嫌味を言ったりしてしまうこともあるでしょう。あるいは自分より弱い立場の人（例えば子どもや家族や部下など）に当たってしまったり、うっぷん晴らしにものを投げたりドアをわざと音を立てて閉めたりしてしまうかもしれません。

こうしたこと以外に、私は医師としての診療で、「NO」と言えない人が陥りやすい三つの問題点について皆さんに知ってほしいと思います。

まず一つめの問題点は自分の意見を言わずに気持ちをおさえているうちに、自分の感情がわからなくなってしまうことです。

我慢を続け、怒りや悲しい気持ちをおさえていると、次第に自分が怒っているのか悲しんでいるのかがわからなくなり、気持ちが落ち込み、うつ状態になるという経過をたどります。

〈ケース一〉我慢を続けたAさんの場合―「No」と言えず気持ちがうつに

四〇歳のAさんは結婚して一五年です。

一二歳の長男と一〇歳の次女がいます。夫は二歳年上で結婚当時は会社員でしたが、結婚後、上司とうまくいかずに仕事を辞めてしまい、今はアルバイトをしています。

Ａさんは、正社員として働きながら子どもの世話と家事をしていますが、収入は不安定で、家計は苦しくＡさんは夫に正社員として就職してほしいと思っていました。しかし、夫はＡさんの収入に頼ってしまい、働く気がなく、家事も手伝わずに自分のアルバイトの収入はすべて自分で使っている状態です。

Ａさんがお金のことを話そうとすると、夫はすぐに苛立つので、Ａさんは不満があるのを我慢して働いていたところ、次第に気持ちの活気が低下し、うつ状態に陥ってしまいました。

二つめの問題点は、自分の気持ちをおさえているうちに、自分も気づかずにうっぷんがたまってしまうことです。そうなると、あるとき我慢しきれなくなって感情が爆発し、暴力をふるってしまったり突発的な行動に出たりしてしまうことがあります。

「いい人」として知られている社員で「何を頼んでもよくやってくれるから……」

と言われていた人が、ある日突然退職してしまい、その理由を聞いてみると「本当は嫌だったのにそれをずっと我慢をしていただけ」、などということがあります。

最後の問題点は、自分の気持ちをおさえていることがストレスとなり、心身の病気を招いてしまうことです。

それは心身症といわれる状態です。症状はさまざまです。以前、こんなことがありました。

〈ケース二〉断ることができず、体の痛みが……

Bさんは、職場で嫌な先輩が左側の席に座っていて、Bさんが帰ろうとすると仕事を言いつけられたりしていました。

Bさんが「この日は早く帰ろう」として予定を組んでいても、いきなり先輩から仕事を頼まれるので、それが嫌でたまらなかったのですが、断ることができず、嫌な顔もしないで引き受けていました。

次第にイライラや不満がたまり、それを我慢しているうちに、身体の左側に痛みやしびれが出現。受診して調べましたが、特に体に異常は見つからず、精神的なことが原因だとわかりました。

「NO」と言えず、きちんと自分の気持ちを伝えられなかったことが症状の引き金となっていたのです。

アサーティブなコミュニケーションをしないと、こうした危険があります。気持ちよく生きていくために、そして相手と対等に良い関係を築くためにアサーティブを学ぶことはとても大切なことなのです。

三　あなたのアサーティブ度チェック

それでは、あなたのアサーティブ度について調べてみましょう。

次にあげる項目で、「ためらう」「できない」と思う数が多いほど、あなたのアサーティブ度は低く〝問題あり〟です。

- 人の前で自分の意見を言う
- 権威的な男性、例えば大学教授、会社の管理職、男性医師などと話す
- 一人でレストランに行き食事を楽しむ
- 行きたいときは一人でも旅行する
- ライブや演劇を見て感動したとき、周りの反応を気にせずに拍手ができる
- レストランなどで当然受けるべきサービスが受けられないとき、それを指摘することができる
- 行きたくない食事会や集まりなどの誘いを断る
- 意見を聞かれて最初に自分の意見を言う
- 自分の意思で行動の予定を決める
- 人の支援を受けたいときに、支援を求める
- 嫌な人間関係を断ち切る

- 家族が不機嫌になったとしても意見を言うことができる
- 家族の予定があったとしても自分のスケジュールを決めることができる
- 店員にすすめられても断ることができる
- 怒ったときは、自分が怒っていることを相手に伝えることができる
- 男性がセクハラ的な発言をしてきたとき、嫌だと伝えることができる
- 飲みたくないときにお酒を勧められたら、断ることができる
- たばこの煙が嫌なとき、たばこを吸わないでほしいと伝えることができる
- レストランでまわりが違うものを注文しても、自分が食べたいと思ったものを注文することができる

いかがでしょうか？

「できないなぁ」「ためらうなぁ」と思う数が多い方は、これからアサーティブについて学び、一緒にトレーニングをしていきましょう。

四　アサーティブが難しいのはなぜ？

嫌でも、「嫌だ」と言えないのはなぜでしょう？　不快でも我慢してしまうのはなぜでしょう。「NO」と言ったり断ったりすると、相手に嫌われないだろうかと思い、不安になってしまう、という気持ちは想像以上に強いものです。

立場的に相手が優位なために、断ると今後に差し支えるかもしれないという恐怖感もあるでしょう。また、自分の気持ちを伝えるのは「わがまま」だと思われるかもしれないという思いや、自分の意見を話すことで周りと波風が立つのが怖い、みんなと同じ意見を言わないと仲間はずれにされてしまうのではないだろうか、という気持ちもあるでしょう。

そうすると、相手に嫌われるくらいなら、我慢してでも従ってしまう方がいい、と思うかもしれません。こうした思いが起きるのは私たちが育ってきた社会的な背景が大きいと思います。

日本では昔から「女性は従順なのが一番」「にっこりして嫌な顔をしないのがい

い女性」「自己主張は嫌われる」という社会概念があり、それが今もなお私たちの心を縛る傾向があります。

夫に従い、老いては子に従うのをよし、としてきた時代から受け継がれてきたこうした精神的束縛があることに気づきましょう。そうしないと、なかなか一歩を踏み出すことができません。

次に女性の心の成長について考えてみましょう。子どものころは男の子も女の子も特に性別についての意識を持たずに育ちますが、自分の性について意識が芽生えると、他者の視線や評価が気になり始めます。女の子はかわいい女性、魅力的な女性に見られたいという思いが起き、綺麗でありたい、称賛されたいという思いで他者からいい評価を得られることを優先し、自己を抑圧する傾向が出てきます。

欧米の場合は、大学に進学するころ、あるいは思春期後半の年ごろから自分はどう生きるかということを考えていきます。自分らしくありたい、という思いから、これからどう生きていくかを考えるようになりますが、日本の場合は他者からの評価を「自分らしく生きること」より優先し、いつまでも可愛い女性という評価を求め続ける傾向があります。人から褒めてもらわないと不安、自分の価値は他者からの評価と他者との比較で決めている人も多いかもしれません。このため、他者からいい評価を得るために、嫌でも自分の感情を抑圧する傾向があるので、アサーティブなコミュニケーションができないという状況に陥りやすいと言えます。いつまでも可愛い女性、いい妻いい母、を演じ続けることで満足ならいいのですが、本当はいい妻やいい母以外に、自分らしさを活かしたいと考えている場合には問題が起こります。次の例を見てください。

〈ケース三〉いい妻いい母が限界

大学を卒業し、本当は理学部大学院で研究を継続したかったBさんは、結婚して専業主婦になりました。夫の家族が「長男の嫁は専業主婦しかありえない」と言い、夫も両親の言いなりだったからです。結婚当時は恋愛感情が優先し、それに従っていました。きれいで若い、いい妻でありたいと思っていました。

しかし、子どもがだんだんと成長し、研究などが遠い世界になるにつれて、同級生の女性が大学院で研究を続けているのを facebook の投稿で見るたびに、イライラし、うらやましくてたまらなくなりました。自分も何かしたい、大学院で勉強を続けたり、仕事をしていればよかったと思う日が続き、気持ちを晴らそうと美容院へ行ったり、洋服を買っておしゃれをしたりしましたが、どうしても気持ちがすっきりしませんでした。

ひどい肩こりが続き、エステでマッサージなどをしてもよくならず、体調は悪くなる一方で睡眠の質が低下。朝起きられなくなり、だるさが続いて家事もできなくなり、受診して「うつ」と診断されました。自分らしい生き方を抑圧したことが原因でした。

アサーティブは単に会話だけにとどまりません。自分らしく生きる、ということがアサーティブの究極の目標と言えるでしょう。自分らしい生き方を追求することはわがままではありません。

〝いい妻やかわいい女〟が悪いのではなく、いい妻でもいい母でもそれにプラスして自分が納得し、自分の可能性を活かす人生を見つけることがアサーティブの目標です。

それではここで例題を一つ挙げてみましょう。あなたはこんなときどのような行動を取りますか?

例題を解いてみよう㊀

●例題●一

Aさんは、英語の勉強をしようと決めて英語の社会人コースに入りました。それは大学が社会人のために開校した講座です。週に一回の夜のコースでした。参加者は、さまざまな世代の人が集まり、また遠方から通っている人も多くいました。

そのような中で、たまたま隣の席に座った女性の家がAさんと近いことがわかり、その日Aさんは車で来ていたので、最寄りの駅まで送っていくことになりました。

その女性はとても感じのいい人で、その日は楽しく一緒に帰ったのですが、その次からの授業でも、女性はAさんの隣に座ることが多くなり、帰りも車で送ることが習慣のようになってしまいました。

Aさんが「帰りに買い物をしたいな」と思っても、彼女がいることで行動が制限されるようになり、だんだん負担感が出てくるようになってしまいました。でもいまさら送らないわけにもいかないし……。

さてあなたならこんな場合どうしますか？

五　関係性のいろいろな種類

第一の選択：逃避

いろいろな方法がありますね。

私が一番驚いたのは、地方で行われたある講演会でこの例題を出したとき、「その英語のクラスをやめます」と答えた方がいらしたことです。私は一瞬自分の耳を疑い「それでいいんですか？」と尋ねました。やはりその女性は「やめます」ということでした。

その講演会で別の数人の方にも同じ質問をしましたが、数人ともやめると答えたので非常に驚きました。せっかくの英語の勉強の機会をなくしてもいいのでしょうか？

しかし、断るのが嫌で、その場を「逃避」するという選択をする方が、かなり多いことがわかりました。言いにくいことを言うのを避け逃避すると、その場はやり過ごせます。しかし、また別の機会に断りたい状況ができたとき、どのようにするのでしょう。またその場から逃げるのでしょうか？

コミュニケーションの選択の一つには、このように「逃避」するというものがあります。その状況をいかにお互いが納得いく状態にするか、の話し合いをさけ、話し合いのテーブルから立つ、というスタイルです。

面倒は避けられますが、人生は長いです。逃げてばかりはいられません。いつか必ずどこかで逃げられない状況が出現するはずです。その場はいいかもしれませんが、根本的な解決にはなりません。また、困難な状況から逃げていると自分が本当にやりたいことをすることができず、納得がいかない人生になってしまうかもしれません。

第二の選択：服従と妥協

本当は嫌だけれど仕方ない、と思い、波風立つのが嫌だからあきらめて毎回送ることにする、という意見もあります。

車で送るのは永久に続くわけではない、クラスの続く半年間だからその間は我慢しよう、今度そういう機会があるときには、うかつに人を送ったりするのはやめよう、と言い聞かせて我慢する、これも一つの選択肢です。

我慢は半年間ですが、本当はもっと活動したいのに行動は制限されてしまいます。我慢した気持ちやイライラで相手の女性に対して怒りが起きることもあるかもしれません。本当はもっといいコミュニケーションができたはずなのに心に怒りが起きるといいつながりができなくなります。

我慢して続けてしまったことで、相手を嫌いになってしまったという経験をした方もいらっしゃるのではないでしょうか?

相手に服従したり、妥協したり、というコミュニケーションスタイルは対等な関係ではなく心の中に不満を残してしまいます。

第三の選択：アサーティブ

さて、ではアサーティブに行動するにはどうすればいいのでしょうか? 例えば、あなたがその日の帰りにどこかに寄って帰りたい場合、会ったときの最初に、相手の女性に対して「今日は帰りに寄りたいところがあるから送れないの」と伝えれば簡単ですね。

次の週が大丈夫なら「来週は大丈夫」と伝えることもできるでしょう。あるいは前の週に次の週の予定がわかっているなら「来週は帰りに寄るところがあるから送れないの」と伝えることもできます。

これを自然に伝えれば相手もまったく問題がないはずです。お互いにOKで気分がいい関係でいるためには、きちんと自分の気持ちをストレートに伝えることが大切です。

まとめ

このように私たちのコミュニケーションスタイルは逃避・服従・妥協などがあり、そのどれもが心に問題点を残します。一方相手を支配して思い通りに服従させるという関係もあります。しかし、それでは自分はOKであったとしても相手の心にストレスを与えますので、対等で心地よい関係性を築くことができないでしょう。

第2章

危険な会話スタイルを検証する

それではここでよくありがちな会話スタイルと両者の関係性について検証してみましょう。

一　逃避：幼さをよそおい他人に決めてもらう行動スタイル

自分で決定する責任から逃げてしまう方法

- 私はよくわからないからお任せするわ
- 私はただの主婦ですから
- 私は決められないから
- 「みんなと同じです」と言って自分の意見を言わない

二　表面的に服従・裏で反対の行動スタイル

- 嫌なのに相手に合わせるものの、裏で陰口を言ったりする
- あのときは本当は嫌だったけど仕方なかったの、と後から相手に愚痴を言う

三　言い訳スタイル

- 私は才能がないから
- 子どもがいるから
- 夫の収入がないから、などとできないことを人のせいにする

四　間接攻撃スタイル

- 相手に自分の思い通りにしてほしいときに直接伝えず相手を操作しようとする

- あなたがそうすると私は恥ずかしい
- あなたがそうするなら私は死にたい、などと脅す
- あなたがそうすると私は世間に顔向けできない、などと間接的に相手を責める

五　嘘の作り話スタイル

- 子どもや家族や仕事を口実にして断る
- 本当は興味がないのに「また誘ってください」などと言う

こうしたスタイルは自分の考えを素直に表現する方法ではありません。こうしたスタイルは表面的には波風が立たないことにはなるのですが、自分の意思や考えをきちんと相手に伝えられないわけですから、相手と対等なコミュニケーションを築くことができなくなります。

なぜこうしたスタイルが危険なのでしょうか？

「逃避：幼さをよそおい他人に決めてもらう行動スタイル」の場合

自分を肯定する気持ちが育ちません。いつも自信がなく、自己肯定できないことで心に怒りや不満がたまります。不安や無力感で気持ちが落ち込みやすくなり、また自由に自分の意見を話せる人がうらやましく、そうした人と比較することでさらに自信がなくなっていきます。

人の言われるがままになるので相手に利用されることも多くなります。

「表面的に服従・裏で反対の行動スタイル」「言い訳スタイル」「間接攻撃スタイル」「嘘の作り話スタイル」の場合

裏でとった行動や陰口が伝わって信用をなくし、人間関係に信頼がなくなりやすくなります。また、作り話は相手にすぐわかってしまいますので、自分ではうまく断ったつもりでもすぐに嘘がばれて信用されなくなります。

例題を解いてみよう（二）

●例題●二

休暇で夫の兄夫妻が住むパリに出掛けることになりました。義兄の妻からは、「ぜひ家に泊まってほしい、話をしましょう」と言われ、自分が料理を作るから和食を一緒に食べましょう、という連絡が来ました。

でも、義兄の妻は料理がうまくないのです。またあなたは義兄の家に泊まるのではなく、気兼ねせずホテルに泊まりたいし、短い休みなのでパリのレストランに行って買い物もしたいのです。

さあ、あなたならどうしますか？

この例題に対して、このような答えをもらいました。

「断るのは波風が立つから、義兄の家に泊まり和食を食べることにする。でも料理が下手なのはわかっているから、自分が一緒にスーパーへ出かけて買い物を手伝い、自分が好きなものを中心に作る。自分が好きなものを作るのだからアサーティブではないかしら」とのことでした。

そこで、「では、あなたはパリで和食を自分で作りたいですか?」と尋ねると「NO」でした。「パリではレストランに行きたい、でもそれができないのなら、せめてまずい義姉の料理ではないものが食べられればいい」ということなのです。

本当はパリにまで行って、家事をするなんて嫌なのに……。

これはアサーティブではなく妥協ですね。嫌だけれど、波風を立てない最小限の抵抗と言えるでしょう。

もし、こうした選択をした場合、後で後悔が残らないでしょうか?

せっかくのパリなのに楽しめなかった、残念だ、という思いで夫を責めたり自分を責めたりすることにならないでしょうか?

アサーティブは波風が立たないことを目標にするのではありません。まず「あなたがどうしたいか」を考え、そして相手もOKであることを目標にしてどうするかを話し合うことが必要です。

例えば何日かの滞在の中で、何回かはレストランに皆で行くことを提案したり、滞在はホテルにしたとしても、義兄夫婦の家で過ごす時間も作ることを提案してみたり……。

そうして、お互いに満足できる形を作ることがアサーティブと言えるでしょう。

でも、そんなこと怖くて提案したり話し合うなんてできない、とお思いの方がいるかもしれません。

第3章

アサーティブになるための手順

「そんなこと怖くて提案したり話し合うなんてできない」と思っている方へ。

そこで、アサーティブになるための手順についてご紹介しましょう。アサーティブになるためには必要な三つのステップがあります。

第一ステップ　何が起こっているかを認識する
第二ステップ　それに対し自分はどう感じているのかを明確にする
第三ステップ　どのような変化を望むのかを考える（どうしたいかを明確にする）

つまり最初から波風が立たないように、と考えるのではなく自分がそれをどう感じ、どうしたいかを自分の心に問いかけるということです。

ここでは、まず自分の望むことをはっきりと認識することが必要です。

大事なことは、最初に「直感的に嫌だ」とは思わないことです。

迷うときは本当は嫌なことである、ということも覚えておいた方がいいでしょう。

本当にしたいことを望んでいるならば、迷わずにそれをするはずです。

行きたくないけれど、「断ると角が立つから、嫌でも参加する方がいいかしら」と悩むから、迷うのです。また「それを本当にしたくないけれど、しないと損するかもしれない」と考えるから迷うのであり、迷うということは何か自分本来の自分らしさを抑圧していることが多いのです。

さて、どうしたいかということを明確にしてから相手に話すのですが、そのときに必要なことがあります。それは、怒りや激しい感情が起こったときには、まず深呼吸して落ち着いてから話すこと、誠実に話すこと、です

言い訳や自己弁護は不要です。

一 アサーティブになるために必要な覚悟

さて、自分がどうしたいかを明確にして相手の提案を断る場合、相手はあなたが自分の提案を受け入れてくれないことで気分を害することもあるでしょう。

「NO」と言うのがあなたの当然の権利だとしても、相手はおもしろくないと思うことがあるかもしれません。不機嫌になったりするかもしれません。そのことで、あなた自身が自信がなくなったり不安に感じないようにする必要があります。自分らしさを守ることを大切にしてください。それはわがままではありません。

物事により完全に「NO」と言って断ることが必要で、他の選択肢がない場合（セクハラなど）もありますし、「NO」と断ったとしても、相手の提案も入れてお互いにOKとなる話し合いの場合もあるでしょう。

内容により、お互いがOKである接点を探す話し合いをすべき場合もあります。その話し合いを怖がらないという覚悟も必要です。

二　アサーティブに批判を受け止める

アサーティブは「NO」ということだけではなく、相手からの「NO」をアサーティブに受け止めることも必要です。それには、自分がどのような批判や拒絶に弱いのかを知っておくことが必要です。

批判にはいくつかの種類があります。

まず非現実的批判、例えば「どんくさくてデブ」「ばばあ・おばさん」「仕事がのろいカバ」などという、まったくばかげた悪口です。

次に、こきおろしという批判です。例えば「そのくらいの歳になれば、日焼けしてしわが増えてもたいして変わらないから、夏休みの海も怖くないわよね」「そのくらい仕事がのろければ、誰も仕事を頼まないから楽でいいでしょ」などというもの。

一方、現実的でアサーティブな批判とは「あなたの仕事はスピードが遅いので頼むときに不安になることがあるの。だから期日までにできそうもないなら先にどこまでできるかを自分で伝えられるようにしてくれますか」というもの。

批判されるとそれが思いがけない場合、驚いたり傷つくものですが、まず批判の種類を冷静に分析してください。それが非現実的だったり、根拠がなかったり、感情的だったり、という場合には、それには取り合わない、感情的に反論しない、という姿勢で対処します。非現実的で根拠のない批判は、自分に責任があることではなく相手の問題であることが多く、相手のうっぷん晴らしということがほとんどです。そうしたものにかかわり時間を費やしたり心を痛めたりする必要はありません。

現実的で根拠がある批判に対しては、その批判は自分の行動や考えや提案に対しての「NO」であり、自分という人間に対する全面否定の「NO」ではなく状況や行動に対しての「NO」であると受け止めることが大切です。

そして必要に応じて、その批判に関して自分の行動や考えを再点検すればいいのです。批判されたということで、がっかりしたり落ち込む方が多いのですが、批判されるのは自分を否定されることではなく、あくまでその行動や考えや提案に対する批判ということなのです。そして根拠がある批判は、相手を傷つけるものではなく、よりよい状況を作り出すための話し合いの機会であることを認識しておきましょう。

現実的な批判をしたりされたりする関係が、お互いを知りよい関係を作り出す最初のステップであるという認識がないと、関係の進歩や進化はできないものです。

三　アサーティブに賛辞を贈る方法

相手に賛辞を贈るときは、どんなときでしょうか？

本当にいいなと思ったときだけ相手を褒めていますか？　あるいは何かいいところを見つけて褒めなければいけないと考えていますか？

アサーティブな褒め方とはどんなことでしょうか？

- 相手をいい気持ちにさせるために、思ってもいないお世辞を言うのはやめる
- Facebook などで相手からの関心を得るために、とりつくろった賛辞を贈るのはやめる
- 相手を元気づけようと元気のなさそうな相手に「元気そうね」などとは言わない。同様に老けたな、と感じる相手に「いつまでもお若く変わらないですね」などと言わない
- いいところを見つけたら具体的にそのことを伝える

- 相手をうらやましいと思ったり、ライバルに負けたと思ったとき、本当は悔しいのに、わざと平気な振りをして褒めない
- 相手から賛辞を贈られたとき、自分も何か褒めなくてはいけないと思うことはない

自分が本当にいいな、と思ったときだけ賛辞を贈るという習慣をつけると、自分の心に正直でいることができ、自分らしさをキープすることができます。

また、そのようにしていると自分が賛辞を贈られたときも、相手が心から送ってくれている賛辞なのか、あるいはただの社交辞令なのかが、はっきり見えてくるはずです。

四　アサーティブに行動するために知っておきたい心の罠

次に問題が起こるまでの先延ばし傾向

言いにくいな、と思ってもつい「今回は見逃して次に問題が起こったときに話そう」とすることはありませんか？

言いにくいことはつい後回しにしたいもの。今回は仕方なく我慢するけれど、次にもし問題が起こったらそのときに言おう、などと考えて先延ばしにする傾向はないでしょうか？

この先延ばしが、言いにくさを募らせアサーティブから遠くなる原因となります。

タイミングを逃してしまった例

Aさんのマンションの隣の部屋に引っ越してきた家族は四人。三〇代の夫婦と小学生二人です。引っ越ししてきた翌日、Aさんはその男の子が

Ａさんの部屋の前にお菓子の包み紙を放り投げて歩いていくのを目撃しました。

驚いたＡさんは、「注意しようかな」と思いましたが、「一回だけだし、たまたまかもしれない」と思い、今度気が付いたら注意しようと思っていました。

そして包み紙はＡさんが仕方なく自分で拾って、片づけました。

でも隣の男の子のごみポイ捨てはそのときだけではありませんでした。紙だけでなく、食べかけのパンの端を捨てたりしていたのです。

大きなごみではないのですがＡさんの部屋の前なので気になります。

Ａさんの部屋を通って隣の家に入る男の子は、どうやら自分の家に入る前に邪魔なものをポイと捨てて帰るようなのです。しかし、実際にポイ捨てを目撃したのは最初の一回だけ。あとはゴミが捨てられていることに気がついても現場を見ていないので注意できません。「どうしようか」と考えているうちに、タイミングを逃してしまったＡさんは、いつもいらいらしています。

このように、問題点を先延ばしにし、タイミングを逃してしまうと、どんどん機会を失ってしまうことがあります。気がついたとき「あ、そこに捨てないでね」と一言声がけすれば、それで済んだかもしれません。

後になればなるほど、管理人に頼んで注意してもらうなど、問題が大きくなってさらに言いにくくなるので、結局我慢してそのままになってしまうことが多いと言えます。

先延ばしにしないで成功した例

アサーティブ講座を受講した女性Bさん。

Bさんはご近所のごみ出しのことで悩んでいました。問題は、決められた時間にゴミを出さず、水切りが十分でないごみの袋をきっちりと封をしないで出す方がいるのです。

しかもその方は、Bさんの自治区ではなくて少し離れた地区からごみを運んでくるのです。通勤前に車に積み、ごみの袋を捨てて、そのまま車で出かけていくのを見かけました。

でも、知らない人なので声がけできないでいました。カラスが袋をつつき、中からごみと水が外にこぼれ出て不潔です。ごみの集積所はBさんの家の前なのでとても気になります。

ホースで水を流しながら袋をきちんと締め直していると、だんだん腹立たしくなりました。そしてアサーティブ講座で習ったことを思い出したそうです。

何が起こっているかを認識する
自分が何を感じているか
自分はどんな変化を望むか

というポイントを整理しました。

「自分は、自分の仕事ではないことをしなければならない」
「怒っている」

「だからごみは水切りをして、ごみ袋の封をしっかりしめ決められた時間に出してほしい」

これがBさんの整理したことでした。さらにもう一つ、「怒っているときに感情に任せて話してはいけない。冷静に話す」ということも思い出しました。

そして言いたいことを頭の中で整理して機会を待ち、次のゴミ出しの日にその方がゴミ袋を持ってきたときに、すかさず「こんにちは」と声をかけました。「私はゴミ出しの場所のすぐそばに住んでいるものです」と自己紹介した後、この場所はカラスが多いのでごみをつつくこと、だから中を見えないようにして水切りも十分にしてほしいこと、カラスがつつくと中から水とごみがでて掃除が大変になること、時間に遅れないようにごみを出してほしい、ということを淡々と伝えました。言われた人はBさんの話を聞き、「わかりました、すみませんでした」と言ってくれたそうです。

これは成功例ですね。

昭和女子大学のアサーティブ講座でこのことを発表してくれたBさんですが、私は講座で一つ付け加えました。それは、このように成功する場合もありますが、逆に聞いてくれないこともあるでしょう、ということです。

この話を聞いて、「それは相手がよかったからよ。たいていはそうはいかずに逆切れされて、怖い思いをしたり嫌な気分になるはず」と言われる方もいると思います。もちろんその通りです。

しかし、だからと言って、言いたいことや言わなければならないこと、自分が望む変化、直してほしいことをそのまま見過ごしていいのでしょうか？　待っていればいいのでしょうか？　私はそれがいいとは思えません。

実際、相手の反応が怖くて自分が言えないことを抑圧している場合、そのストレスで心のバランスが崩れることは間違いありません。愚痴を言う、誰かに当たる、イライラするなど、さまざまな問題が起こります。相手が聞いてくれるか、聞かないのか、反撃するか、という結果と自分がアサーティブであることとは切り離して考える必要があります。そして、たとえ結果がどうあれ自分がアサーティブでいられたことに対し自信を持つことが何より大切だと思うのです。

きちんと自分の意見を冷静に感情的にならず伝えることができたBさんが自信になったことはいうまでもありません。相手の反応がいいか悪いか、聞いてくれるか聞いてくれないか、という結果は別にして、自分がきちんと伝えたいことを話すという姿勢が大事です。その姿勢が自信と自己肯定感を育てるのです。

自分で言わずに人に言ってもらう依存癖

自分で言うのは怖くていや、でも相手に変わってほしい、そんなとき「人に言ってもらおう」とする癖はないでしょうか？　私も診療をしていて「先生、うちの子どもに言ってください」「夫に言ってください」ということをよく言われます。

病状の説明ではなく、その方が言いにくいことや伝えてほしい自分の気持ちを医師から伝えてほしい、というわけです。病気に関して必要なことは伝えますがご本人の考えや感情は自分で伝えてほしいものです。

言いにくいことを自分で言わず、自分は陰に隠れ、代わりに伝えてくれる代理人を探しても、代理人というのは仕事の代理をする人ではなくあくまでその場にいる人です。管理人やその場を仕切る係りがいる場合は、その担当者に話すのがいいのです。それがルールでしょう。しかし家族や親戚など代理人がいないときには自分で話す勇気が必要です。

夫の両親に何かを話したいとき、夫から話してもらうという人が多いのですがいつも夫を代理人にせず、自ら話し合いの機会を作るというスタンスも必要です。逆の立場で、もし夫があなたの両親にしてほしいことがあるときに「夫がこういう希望があるけれどどうしましょう」といつも相談しなければならないとしたらあなたの心理的負担がどうなのかと考えてみてください。

例題を解いてみよう ㊂

例題 三

会社の別の課で働くCさんとランチをしたときに、Cさんの小銭がなかったのであなたが出しました。「今度会ったときに返すね」と言われ一六〇〇円のランチ代金を立て替えたのです。

でも数日後に会ってランチをしたときにCさんはすっかり忘れていたらしく、お金を返そうとしません。どうしようかと思う間にCさんは業務に戻り二週間が過ぎてしまいました。さあ、どうしますか？

たかが一六〇〇円されど一六〇〇円。言いにくいし、仕方がないからあきらめるか、と思うでしょうか？　それともCさんの課の人がいたらちょっと伝言で伝えてもらうでしょうか？　あなたならどうしますか？

お金のことは言い出しにくい感じを持つ人が多いですね。でも人に言ってもらうと、言われた方は嫌な感じがするものです。返さないという意図はなく、ただ忘れることって多いものではないでしょうか。こうした「単なる忘れ」だったら、あっさり「この前のランチ代金立て替え分よろしく」で済むはずです。それが言えずに我慢してしまい、ずっとその人を見るたびに嫌な気分になる、という人もいます。またその鬱憤で「あの人にお金を貸したけど返してくれない」などとほかの人に愚痴を言ったことが相手に伝わり人間関係がぎくしゃくすることもあるようです。

お金の貸し借りに関しては先延ばしも依存癖もやめてあっさり素直に伝えるのがいいと思います。

いい人でいないと不安という癖

頼まれたときいつも引き受けなくては、頼まれたら断るのは苦手という人も多いですね。引き受けないと、自分が冷たい人間に思われるのが怖いという心理でしょう。してあげないことに対する罪悪感から解放されることも必要です。

例：Dさんの場合

Dさんの息子は三八歳で一流会社の会社員。家庭を持って独立しています。Dさんは夫が残してくれたマンション経営で毎月かなりの収入があり、息子はそれを当てにして浪費癖があります。いい企業に勤めて収入が十分にあるはずなのに高級な車を買ってしまったり、カードで高級な洋服を買いDさんに資金援助をほぼ毎月頼んできます。Dさんは毎月のことで嫌なのですが「NO」と言えないまま数年が過ぎ、これでは貯金ができず将来が不安で仕方ありません。これで最後、ということで資金調達をしてもまた翌月には同じことになり、どうにかしないといけないと思いながらイライラが続き体調が悪くなっています。

Dさんは資金調達を断ることに罪悪感を感じてしまうのです。息子は困っているのだから、これを払わないとカードが止められてしまうから、会社に知られると困るだろうから、という気持ちで自分が冷たい母親になりたくないのです。また同時に息子が「サラ金に行く」などと言うのでその取り立てなどで万が一トラブルに巻

き込まれたら将来が心配、などとも考えついお金を渡してしまう状況が続いていま
す。

助けてくれないのは愛情がないからだ、助けてくれないと自分は破滅、という相手からの「愛という言葉を使った脅迫」に屈しないでください。こうした脅迫は子どもからだけでなく母親などの肉親から送られることも多く、送られた相手の心を縛りアサーティブを妨害するのです。

「愛という名の脅迫」から自由になる――親しい人に「NO」と言う

成功例：Eさんの場合

Eさんは高校三年生で受験を控えています。祖母と両親、弟の五人暮らしで両親は二人ともフルタイムで働いています。祖母は数週間前に転んで骨折して入院し両親が忙しいので、Eさんは祖母の病院に必要なものを届けたりしています。

最初は「ありがとう」と感謝していた祖母でしたが、入院が長くなり次第に不満が多くなるとEさんに当たったり始終何かを持って来てほしいという要求が多くな

りました。Eさんが塾通いで少し病院に行く時間が遅くなると「私なんてどうでもいいんでしょ」とすねたり「早く来てくれなければ死んだ方がいい」などとも言うようになりました。

しかし、Eさんは受験も控えているので、祖母のこうした言葉で当惑することを思い切って伝えることにしました。結果として「自分はできるだけおばあちゃんの手助けをしようと思う、だからできることをしている、これ以上はできない、私も受験勉強があることを理解してほしい」と冷静に伝えることができ状況を改善することができました。

Eさんはきちんと自分の気持ちとできることをアサーティブに伝えることができました。祖母のほうがEさんに甘えているわけです。しかも言うことを聞いてくれないと死んでしまう、などと心理的にEさんを追い詰めています。それでもそれにめげずに自分の気持ちを伝えたEさんはなかなか大したものですね。

こうしたシチュエーションは介護などの場面で遭遇すると思います。こんな場合、自分ならどう対応するかを考えてみてはいかがでしょう。

相手からの要求が理不尽でも、相手がかわいそうだから、してあげないと自分が冷淡な人間のように感じて無理をすることがないでしょうか？　しかし自分を犠牲にして他人に対し世話をしていると、さまざまな代償が後で必要となってきます。体調が悪くなる、心に鬱憤がたまるなどがその代償です。

頼まれても嫌と言わない人、何でもいつでも引き受けてくれる人、いつも物わかりのいい人は「都合のいい人」と思われていることが多いのです。

そしていつも相手の要求を聞いていると次第に役割が固定化して「必ずそれをする役目」「それをするのが当たり前」になり義務化して相手から感謝もねぎらいもなくそのことでまた心の中に怒りが起こることが多くなるのです。

五　アサーティブの実践のために必要な七つのスキル

アサーティブでいるために必要ないくつかのスキルがあります。

①できることとできないことを分別する

相手から頼まれたとき自分がどこまでできるかについて冷静に客観的に判断しましょう。したくないことを無理してスタートすると燃え尽きの原因になります。

②したいこと、したくないこと、した方がいいことを分別する

相手から提案されたとき、自分がしたいか、したくないか、あるいはどこまですれば納得がいくかを考えます。

③NOを伝えるのは早ければ早いほどいい

引き受けられないことや参加できないことがわかったらなるべく早くNOを伝える

ことが大事です。いつまでも引き伸ばさない、なるべく早く断ると相手も次の計画が立つのです。ドタキャンが一番嫌がられます。断りにくいから、言いにくいからと返事を先延ばしにするとかえって相手の気持ちや計画を傷つけます。

④不必要な一言はやめること

本当は永久に行きたくないと思っている集まりや食事会、コンサート、発表会に誘われたとき「また今度お声かけしてください」と言う人がいます。行きたくない会合の場合こうしたセリフは不要ですし余計な一言で相手からまた誘われることになります。

⑤きちんと説明を求める

頼まれたとき、そのことの内容の詳細についてきちんと納得がいくまで説明を求めることも大事です。例えば病院で医師の治療方針の説明を聞くような場合、よくわからないからと、わからないことをそのままにして治療を進めてしまうとあとで後悔することがあります。同様にアルバイトなどの雇用関係の場合にもきちんと詳細について説明を求めることは大事です。

⑥相手の面倒そうな表情や逆切れでしり込みしない

何か質問をしたときに、相手が不機嫌な表情をしたり面倒そうな顔をしているので怖くなり聞きたいことをやめてしまうことがないでしょうか？　相手の反応に対してめげてしまうことなく、きちんと説明を求める姿勢を持ってください。特に男性、上司や医師、教師など自分より目上と感じる相手からのこうした反応に巻き込まれないことです。

⑦相手の感情に巻き込まれない

相手に必要なことを尋ねたとき、相手が感情的になることがあります。特に聞きたくないことを聞かれた場合や自分の立場が悪くなりそうなときに質問されたくなくて怒ったり怒鳴ったりすることがあります。そんな時に相手の感情に巻き込まれて自分も興奮して怒鳴らないことです。あくまで冷静に相手の感情に巻き込まれないぞ、と自分の心に話しかけながら過ごすことが必要です。

例題を解いてみよう　四

●例題●四

夫（または恋人）の様子がこの頃変です。こそこそとしていたりメールを気にしていたり帰りが遅かったりしています。帰りが遅いのは仕事のせいなのか、不明です。彼に聞いておきたい、そこで訊ねてみたら「自分を信用できないのか?」といきなり怒鳴られました。さあ、どうしますか?

相手が怒鳴るのを見て怖くなって質問をやめるという人がいるでしょう。しかし、質問をやめても不審な気持ちは変わらず残ります。彼との間のコミュニケーションもよくなくなります。気分も落ち込むはずです。いいことは何もありません。

相手が怒るのを見て自分も興奮して「あなたのおかげで気持ちが落ち込んでる」

と怒鳴る人もいるでしょう。しかし、感情のぶつかり合いでは何も進みませんし、お互いに話し合うことはできません。

アサーティブに質問するためにはまず質問を簡潔にすることです。そして相手が「信用できないのか」と叫んだら「私は信用したいと思っている。だからきちんと質問に答えてほしい」と、とにかく質問を繰り返すことです。適切な答えが返ってこないときには「質問をもう一度繰り返しますが」などと言葉を挟み「壊れたテープレコーダーのように」質問を続けることが大事です。相手がしつこい、と言って怒ったら相手の感情を認め「何度も同じことを聞かれて腹立たしく思うのはわかりますが」としたうえで質問を繰り返します。このようにすると、この問題をうやむやにすることができないことを相手に理解してもらうことが可能になります。

⑧ Youメッセージを I メッセージに変える

「あなたのせいで」「あなたがそうだから」という言葉で始まるのがYouメッセージです。こう言われると、相手は責められた気分になるものです。

「あなたが遅れるから」「あなたがしてくれないから」と言われると相手は素直にごめんと言えなくなり「いつも人のせいにする」などと逆に怒り出すことがあるかもしれません。責められると防御したくなるものです。まずは「私は……」という話し方にすると相手を責めるより冷静に状況を伝えやすくなります。

例えば、待ち合わせに遅れてきた相手に「あなたが遅れるから」と話し出すより「私、ずいぶん待ったわ」というほうが相手との会話はスムーズに運ぶはずです。

第4章

アサーティブでいるための
ボディワーク

アサーティブは精神的な問題ではありますが、心と身体が連動していることを忘れてはいけません。心がアサーティブであるために必要な身体の準備が大事です。逆に身体の体制がアサーティブでなければ精神的にアサーティブでいることは難しいでしょう。

アサーティブな人はどんな姿勢で歩き、どこを見て会話し、仕事をしていると思いますか？　どのような音程の声で、どのような音量で、どんなスピードで話をしているでしょう。どのような服装をしていると思いますか？　あなたが描くアサーティブな人のイメージを心で思い描いてください。そうしてイメージしているとおのずとアサーティブな人の姿が浮かび上がってくるはずです。

アサーティブな人がうつむきながら相手の顔も見ないでマスクをかけてぼそぼそと小さな声で話しているでしょうか。

胸や背中のあいた服を着て女であることを強調して歩くたびに不安定になるピン

ヒールの靴を履いているというのもイメージしにくいですね。かん高い声の早口なおしゃべりや口元に手を当ててひそひそしゃべるのも違う感じです。受け身的な表情や上目使い、逃げ腰な姿勢もアサーティブとは違いますね。逆に顎を挙げ攻撃的で指をさすような高圧的態度もアサーティブではありません。

人は不安だと、声がかすれたり早口になります。小さな声で相手の顔を見ることなく相手から自分の表情を読み取られるのも怖くて、病気ではないのにマスクをしたり不必要なサングラスをかけたりします。かわいい女性、頼りない女性に見られたいときは、声の音程が高く裏声で話したり、話し方が舌足らずになります。大声で怒鳴る、金切り声で叫ぶのも違いますね。

柔らかい地声ではっきりと話せるようにするためには身体の緊張をとることが必要です。

アサーティブ準備体操

● アサーティブでいるためにはまず姿勢からスタートします。まっすぐに立ち方から力を抜きます。

相手と話す前には緊張をほぐすために深呼吸します。この場合、鼻呼吸で口を軽く閉じ鼻から息を吸い、息を吐くときは吸う息の倍の時間をかけて鼻から息を吐きます。数分間こうした呼吸を続けると交感神経の緊張が緩んできます。

姿勢は心と連動します。

上を向く、手を上にあげ伸びをする、というようなストレッチをすると、気持ちがポジティブになり、自分の気持ちをきちんと表現しやすくなるはずです。

唇を合わせてぶるぶると息だけ吐く発声練習は唇周りの緊張を緩めることができます。

また首を軽く回したり背伸びをして身体全体の緊張を和らげる習慣をつけてください。

- 相手と話すときは姿勢をすっと伸ばし、相手の目をまず見て、アイコンタクトをとります。そのあとは相手の口元あたりや眉間あたりを見て話を聞くと聞きやすくなります。話すときも同様です。
- 話すスピードが早口にならないように気をつけます。ぼそぼそと話すのでなく言葉をはっきりさせ小声ではなく適度な音量で話します。わざと声の音程を高くしない、自然な地声で話す習慣をつけるといいと思います。
- 一日に一度、五分間でいいのでアサーティブになった自分はどんな風に歩くか、どんな姿勢で動くかをイメージして歩いてみましょう。大股でまっすぐし背をただして歩いてみると自信が出てくるものです。アサーティブシミュレーションをしてはいかがでしょう。

第５章

ジェンダー的な困難からのアサーティブな脱却法

女らしさをイメージする形容詞はどんなものがあると思いますか？
優しい、しとやか、上品、おとなしい、かわいい、おだやか、
そうした言葉が思い浮かびます。女性らしさや女性的なイメージは悪いものではないでしょう。しかし自分の生き方や自分の個性とそうしたイメージがかけ離れている場合もあります。冒険好きで先頭に立ち何かをはじめたり活発に活動したり人前で堂々と意見を述べるような行動は「怖い人ね」と言われたりするものです。男性からだけではなく、ときには女性からも「あの人は私たちと違う」という目で見られたりします。
そのために自分のしたいことをあきらめたり、アサーティブに行動することが妨げられたりするものです。

一　スーパーウーマン症候群（フルタイムの仕事と家庭を持つ場合）

仕事も家事もすべてを自分一人でやらなければいけない、SOSを出してはいけない、

機嫌よくいつも元気でなければならないというスーパーウーマン幻想から脱却しましょう。

危険な心の罠

①家事を人任せにすると罪悪感を感じる
②つらいときにつらいといいにくい
③体調が悪くても薬を飲んで我慢し休まない
④家事や食材の買い物はほとんど自分一人でしている
⑤女性はいくら仕事ができても料理や選択ができなければ女性らしくない
⑥子どもが小さいうち特に三歳までは、女性は仕事をしないで家にいることが望ましいと思っている
⑦つらい表情をださずいつもにこやかにしていないといけない
⑧家事と仕事とで忙しくてもきれいでいなければならない

このように「家事は女性の仕事である、それをしないと女性は一人前とは言えない」と考えていて、自分一人で家事も仕事もすべてをこなそうとしていると、自分自身の時間がなくなります。そして疲労感が増し、過剰適応の結果体調を崩したり感情が不安定になったりします。あるいは過剰適応で疲れ切り仕事を断念する場合もあります。

自分ができることとできないことを明確にして家族と話し合い、アサーティブに仕事と家庭のバランスをとる必要があります。

二　お母さんは魔女症候群（専業主婦の場合）

「何を頼んでもやってくれる」「いつでも助けてくれる」お母さんの存在は家族にとって頼りになる存在です。専業主婦だから家族のことはすべて面倒を見なければならない、それが仕事だと思い家族のスケジュールに合わせて自分の予定を立てていると、いつか自分の時間がなくなります。

家族のことをしなくていい時間は細切れになり自分の予定を入れることができなくなります。生活のほとんどが家族のためになり家族優先の生活で自分はいったい何なのだろうという疑問が出てくることになります。

そうした生活が自分の人生なのだ、と決めてそれを楽しんでいたものの、子どもが独立し、夫が亡くなった後の自分を考えると、居場所がなくなるような喪失感に襲われる人もいます。

危険な心の罠

①自分のしたいことの予定は家族の予定がわかってから決める
②自分がしたいことがあっても夫の許可がないと決められない
③自分の予定を相談したり話し合える雰囲気がない
④自分が何かしたいと思ってもそれを馬鹿にされるのではないか、と不安になる
⑤家族のことを優先しないと罪悪感がある
⑥介護や子どもの世話は外で仕事をしていない人の役目だと思う

三　融通が利きすぎる有能な女性秘書症候群

上司から私用の買い物を頼まれたり上司の都合で急に残業が必要になったとき、フレキシブルに対応してくれる秘書役の社員は、上司にとり助かる存在です。でもいつもそうした依頼を聞いているうちに、頼みごとを聞いてくれることが当たり前になってしまう場合があります。嫌だと思っても表情に出さずにこやかに対応してくれる人は頼みやすい相手ですが頼まれる方は心の中に鬱憤がたまっていきます。

危険な心の罠

①突然で理不尽だと思っても上司に頼まれると「NO」と言えない
②表情に出ないので相手は何の問題も感じない
③上司に「NO」というと評価が悪くなるのではと不安になる
④有能と言われている自分の評価を落としたくない

四　ジェンダーによる心の罠からの脱却に必要なこと

一　そのことを自分が喜んでできることなのか、義務としてやらなければならないのかを考える

二　家事や介護、子どもの世話、などでいわゆる女性の仕事とみなされることでも自分は喜んでできることはそのまま続け、義務だからしていることは、それを一〇〇％するのではなく、三分の一を家族や手助けしてくれる人に分けることを考える

三　自分の分別についてのプランを家族などと話し合う機会を作る

四　仕事の場合でも同様に、そのことを喜んでできる場合はそのまま引き受け、スケジュールなどに無理がある場合は、そのことを相手に伝え、その代わりになる案があればそれを提案する

例題を解いてみよう（五）

●例題●五

企業で営業のデスクをしているＦさんは三四歳。中間管理職です。上司は出張が多く不在の場合はＦさんが対応できることはしているのですが、上司の決裁が必要なことは上司に連絡を取らなければなりません。しかし上司はなかなか連絡が取れずまたメールの返事も遅いので、それを待っているとＦさんの帰宅が遅くなります。遅くなると事前にわかっている日はいいのですが、突発的に遅くなることも多いのでＦさんは自分の予定が立てられません。

さて、こんな場合、アサーティブに対応するにはどうしたらいいでしょうか？

●例題●六

専業主婦のＩさんは三六歳。子どもは二人で小学二年と五年です。子どもの進学について悩んでいるＩさんですが、最近実家の父親ががんだとわかり、手伝いに行く必要が生じました。夫はかなり忙しいため、子どもの世話を頼むことができず、また自分の親の問題なので夫に迷惑をかけたくないという気持ちもあり、実家まで通う時間と子どもの塾の送り迎えで身体に負担がかかり、とても疲れています。

さあ、こんな場合どうすればいいでしょう？　Ｉさんにアドバイスをしてあげてください。

この例題二つの答えは書いていません。

というのは、アサーティブになるには、まず自分の頭で考えてみることが大事だからです。答えを先に見ると「ああ、そうだよね」「当たり前よ」と思うかもしれません。

でも、まず自分で先に考えようとすると意外に難しいものです。人の悩みを考える、自分ならどうしようと考える、という客観的な姿勢から答えを考えるとアサーティブな思考が身につきます。

この二つの例題はまずご自分で考え、そのあとにクラスや仲間で話し合うテーマにしてみてください。

第6章

アメリカでのアサーション

〈海原純子（質問者）×テルミ・ラスカウスキー[注一]〉

テルミさんはテンプル大学でアサーティブの講座をなさっていますね？

テルミ：はい、私は二〇〇九年にテンプル大学日本校で「アサーティブな人になろう！」というワークショップを開催しました。今でもこの講座は人気のあるワークショップの一つです。

私は以前から「英語を自信を持って話そう！」、「ビジネスコミュニケーション入門」など英語が第二外国語の皆さんに英語でのコミュニケーションスキルを身につけてもらうワークショップを開催しています。それらのワークショップを通して感

注一　**【テルミ・ラスカウスキー氏】プロフィール**
米国陸軍大尉を経て来日。ゴールドマンサックス証券会社、スイス銀行などでIT部門に属し、システムアナリストから部門長などを歴任。SYMANTEC社では執行役員兼務コンサルティング本部長を勤める。テンプル大学日本校客員講師（ITガバナンス、マネジメント、情報セキュリティ、ビジネスコミュニケーション）。その他、大手日系・外資系企業向けコーチング、リーダーシップ、マネジメント、戦略など実績多数。英語・日本語ともにネイティブスピーカー。現在、パスファインダーズ・ジャパン株式会社　代表取締役社長

じたのは、日本人は遠慮しながら人とのコミュニケーションを取っていることでした。この遠慮は日本の文化では当たり前なのでしょうが、英語を使って外国人とコミュニケーションを取ると、「意思が伝わらない」「誤解される」という結果に繋がることがあります。ワークショップを英語で行っていると、「どうせ英語を話しているのだから、言うべきことは言えるようになろう!」と思うようになっていきます。

参加する方はどんな方たちで、何を学ぼうとしているのですか?

テルミ:私は、アサーティブのワークショップの初めに、必ず「なぜこのワークショップに参加しているのですか? このワークショップから何を得たいですか?」と聞きます。

すると、大体次のような回答が戻ってきます。

- 「上司や同僚に言われっぱなしで、ストレスが溜まっている」
- 「外国人とのミーティングなどで、なかなか発言ができない」
- 「嫌なことを頼まれても、断ることが苦手」

中には、

- 「自分としてはアサーティブだと思っているが、上司にもっとアサーティブになるように、と言われた」
- 「アサーティブすぎて人から嫌われているようだ」

などといった答えもあります。これらの問題の解決方法を私もワークショップに求めているのでした。

アサーティブになりたいのは日本人だけではありません。日本の遠慮の文化とは程遠いアメリカでも、アサーティブになる、ということが苦手な人が多いのが現状です。アサーティブ関連の本だけでもオンラインで検索すると八〇〇冊以上が出てきます。

特に外向的な人間や物事をはっきり言う人間を重宝するアメリカのビジネス文化では、内向的な人やアサーティブではない人は、相手にされない、昇進できない、ストレスが溜まる、という問題を抱えています。

アサーティブと言っても、イメージがわかない方も多いと思います。具体的に教えてもらえますか?

テルミ：そうですね。アサーティブとはこのような要素でしょうか?

- 自信を持っている自分になる（「Become more confident」）
- 他の人から尊重される（「Win respect of others」）
- 自分の権利などを擁護（弁護）する（「Stand up for oneself」）
- いつ「Yes」と言って、いつ「No」と言うか（「When to say "Yes", when to say

"No"」)

- 自分の人生のコントロールを取り戻す（「Take control of your life」）
- いい人すぎない自分になる（「Not too nice」）
- 人との境界線を明確にする（「Set boundaries」）
- 発言力を高める（「Speak up」）
- 対立を解決する（「Resolve conflicts」）
- 難しい会話をする（「Have difficult conversations」）
- 罪悪感なしに「No」と言う（「Say "No" and not feel guilty」）

なぜアサーティブが難しいのでしょうか？

テルミ：こんなシーンを思い浮かべてください。

生まれたばかりの赤ちゃんが、お腹が空いてお母さんのミルクを飲みたいとき、ふとお母さんを見上げて「いまのママって、ちょっと疲れているみたいだから、今は泣かずに我慢しよう。そうしていればママはきっとわかってくれて、ミルクをくれると思うわ」と思う。

ありえないですよね（笑）

普通の赤ちゃんは、ここで「ぎゃー」と泣いて、ママの注意を引いて、ミルクをもらうのが自然です。ミルクを飲むことは、赤ちゃんにとっては死活問題ですから、ママが自分の気持ちを読んでくれる、なんてことをしていたら飢えてしまいます。赤ちゃんは自然とアサーティブなのです。

アサーティブが人間の自然体だとすると、なぜこんなに多くの人たちがアサーティブになれなくなってしまったのでしょう？　簡単に言うと、アサーティブではない人間になることを学んだんです。「誰から学んだの？」と言うと、両親、学校、テレビ、新聞、見る、聞く、触れるものすべて、です。

そして、その人が置かれている環境で「専攻」する学びが、「文化」です。大人になる過程で、人は家庭の文化、学校の文化、会社の文化、国の文化などによって、それぞれの文化でサバイバルする知恵を身につけていきます。そして、そのサバイバルの知恵の一つが「アサーティブになってはいけない」ということです。

アサーティブではないことが、「サバイバルの知恵」？　場合によってはそうなることもあるでしょう。

文化はサバイバーのルールでしょうか？

テルミ：先ほど、大人になる過程で文化の知恵を身につけると言いましたが、「文化」の一つの定義は、その社会で生き抜いてきた人たちの知恵の集合体で、その社会で成功するための「サバイバーのルール」のようなものだと思います。

今までは、「日本の文化」「アメリカの文化」のように、文化は「土地」と密接な関係を持っていましたが、今では土地と時空を超えた「インターネットの文化」も存在します。よって昔も今も人間は複数の「文化」で生きていくことが求められています。

私のグローバルビジネスのワークショップで言うのは「文化は、その土地で着るジャケットのようなもの。日本にいるときは日本の文化のジャケット、アメリカにいるときはアメリカの文化のジャケットを着られるようにしましょう」。この柔軟性がグローバルで成功する人の必須条件だと思います。言い換えれば、グローバルビジネスの文化ですね。

もちろん、この「文化のジャケットの切り替え」が苦手な人たちもいます。例えば、日本人の研究者、ビジネスマン、学生などが、日本の文化の中では「変わり者」とされたのに、アメリカに渡ったら一転、活き活きと活躍している例などです。このように自分に合った文化を見つけるのも一つの知恵ですね。

つまり、日本型アサーティブと欧米型アサーティブの両方を知ることが必要ということでしょうか。

テルミ：そうですね。

ここで具体的にアサーティブに対しての文化の影響を見ていきます[注二]。まず、日本の文化の特徴としてよく取り上げられるのが次の要素です。

- 集団主義が強い（対　個人主義）
- 権力格差・階層が高い（対　階層がフラット）
- 不確実性の回避が高い（対　適度な不確実性に耐える）
- 高文脈（対　低文脈）

注二　私の母は日本人で父がアメリカ人。私は一二歳まで日本で育ち、その後はアメリカなので、日本とアメリカの文化の比較は主に私の経験や参考文献に基づいたものです。よって、他の国の文化、皆さんの経験とは異なる場合もあります。

「集団主義が強い」という部分に焦点を当てていきましょう。ことわざは文化の思想を表すと言われます。次のことわざを見てください。

① 「出る杭は打たれる」
② 「きしむ車輪は油を差される（Squeaky wheel gets the grease）」

どちらがしっくりきますか？

集団・全体主義の中で生きている日本人の場合は、最初の「出る杭」のことわざがしっくりくるはずで、「きしむ車輪」はちょっと考えてしまうと思います。これが集団主義と個人主義の文化の違いです。

「日本はなぜ集団主義なのでしょう？」と私のワークショップの皆さんに聞くと「農耕民族だから」とすぐに答えが戻ってきます。農耕民族は他のグループから自分たちの土地を守るために激しく戦った、という歴史があります。身を守るには、集団の方がいいので、集団＝安全・安全に繋がります。これが実の理由かはわかりませんが、日本は確かに集団主義が主流の文化だと思います。

集団主義には一体化と協力が不可欠です。この協力の土台には集団の掟があり、それが集団の一体化を強制します。そして、一人一人の個体が集団の掟の元に一体化する現象が「和」ではないでしょうか？　もしこの掟に反するとどうなるのでしょう？　もちろん、和が乱れるわけですので、村八分になり、集団から排除されます。集団から村八分になることは死活問題になる場合もあります。

だんだんとおわかりかと思いますが、集団の中で一個人が自己主張をすることは、自分勝手で和を乱す行為と見なされ、よしとは思われません。それは、全員が集団で身を守られているわけで、集団を崩すものは安全を妨げるに等しいからです。これが集団主義の強い日本で、アサーティブになりにくい理由です。このまま組織の中の一員になってしまうと、「危ないことは言わない」という傾向になっていきます。ここでもアサーティブにはなれない状況が続いていくわけです。

そうですね。皆と同じでないといろいろと生きにくさがある、だから嫌でもNOと言えないことが多いわけです。ところでアメリカでは教育の現場でも討論の機会が多いですよね。違いを教えて下さい。

テルミ：日本とアメリカの違いは、日本では対論（ディベート）のスキルを持っている人が比較的少ないということです。

私が通ったアメリカの高校では、部活としてディベートがありました。ここで、学生は対論で必須なロジカルシンキング、調査力、質問力、聴く力、発言力、そして物事を多面的に見る力を養い、試合なども行われています。

これと比べて日本ではどうでしょう？

少なくてもアメリカのように対論スキルを普通に行う場は少ないと思います。

忖度という言葉が流行語になりましたが、テルミさんはご存知ですか？　忖度とは、言葉で伝えなくても空気をよんで上司の意向をくみ取ることを意味しますが、こういう言葉にも自分の意見をはっきりと言葉で伝えられないという傾向とかかわりがあると思いますか？

テルミ：日本語の「高文脈」な性質ですね。

文脈とは、会話の意味をさしますが、高文脈の文化では会話の意味が言葉だけに依存せず、その言葉を発した状況にかなり左右されることが多いですよね。いわゆる「一を聞いて、十を知る」とか「以心伝心」などの表現です。「すべてを言葉にしなくても、意味は汲み取れる」という考えがある文化とも言えるでしょう。そして、その意味を期待通りに汲み取れない人は「空気が読めない人」になってしまうわけです。

なぜ日本人のコミュニケーションはこうなのか？　と私のワークショップに参加している方に聞くと「言葉で言うと、あとで責任を取らされるから」とか「嫌なことは口にしたくないから」など、マイナス面のコメントがよく出てきます。

もちろん、高文脈にはよいところもあります。それは、高文脈で物事が正確に伝わるのであれば、コミュニケーションがとても効率よく行えることです。

ただし、そのためには、発している言葉を「氷山の一角」だとすると、皆が「氷山の全体」をしっかりとイメージできるということです。日本人は、この「全体」が日本人であるならば、誰でも理解できるだろう、という共通認識の元に成り立っています。

なぜこれほど人口が多い日本で、そう言い切れるのでしょうか?

きっとこれは、昔から日本人は単一民族という意識が強いということと、言語が共通語としてほぼ統一していて、教育水準も一定に高いことで、共通の認識や価値観を持ちやすい、と思われるからだと思います。

それでは高文脈とアサーティブはどう関係するのでしょうか?

アサーティブな発言は、必ずしも相手によく受けてもらうことではありません。

特に自己主張はよしとしない文化的要素が多い日本では、特に難しい会話になります。高文脈の文化は難しい会話が苦手で「言葉にしなくても、私の思いをわかってちょうだい」という傾向があるので、アサーティブな思いが言葉として出てこない状況になりがちです。本当に共通の認識があれば、アサーティブな発言をする必要性はないと思いますが、現に「アサーティブにならなくては！」と思う人たちがいるということは、以心伝心がそれほど効いていないことになります。

ただ、普通口にしない人が、その思いを口にするようになるのはハードルが高く、高文脈の文化ではアサーティブになるのがとても難しいのです。

アメリカは低文脈ということでしょうか。アメリカとアサーティブの関係はどうですか？

日本と比べるとアメリカはとても低文脈の文化だと言えます（ドイツの方がアメリカよりも低いと言われていますが）。

低文脈の文化と高文脈の文化の違いは、言葉の中の意味を表す割合の違いとも言えます。

完全に低文脈の場合は、状況がどうであれコミュニケーションの意味は一〇〇%言葉に依存するということです。

別の言い方をすると、「相手にわかってもらいたいことはすべて言葉にして伝えましょう！」という考えです。

日本の方に「なぜアメリカは低文脈だと思いますか？」と聞くと「いろいろな人種が集まっているから」という回答を聞きます。確かにそうです。アメリカはもともと移民の人たちが集まって国となったところですし、今でも多くの人たちが他国からやってきてアメリカ国民になっています。

これだけ言葉や文化が異なった人々が、一つの国に存在すると日本のように「単一民族で共通の価値観を持っている」という前提が持てないので、高文脈では意味が通じない、という状況になります。

アメリカでは「I'm not a mind reader.」という表現があります。これは「私はあなたのマインドは読めない」という直訳になりますが、意味を付け加えると、「私はマジシャンじゃないから、君の頭の中なんて読めないよ！」となります。

これこそ「言いたいことがあるのならば、はっきり言葉で言ってちょうだい」ということで、アサーティブの定義そのものです。

第7章

アサーティブに必要な統計学的視点

一　統計とアサーティブとの関係

私は、昭和女子大学と女性誌ハルメクの共催によるアサーティブ講座を行っていますが、この講座ではちょっと変わったワークショップを加えています。それは、統計学的な（といってもごくごく初歩の）基本的な知識をお教えしているのです。統計学は学生時代に少し習ったと記憶していても、内容は忘れている方がほとんどではないでしょうか。でも、こうした統計学的視点がアサーティブな考え方にとても大切なのです。

〈例題一〉

同級会の集まりであなたは幹事をすることになり、お昼のお弁当を発注することになりました。さあ、いくらにしましょう。

参加者に意見を募ったところ五〇〇円から二〇〇〇〇円という意見があり困ってしまいました。

Aさん	500円
Bさん	1,000円
Cさん	800円
Dさん	1,200円
Eさん	1,500円
Fさん	500円
Gさん	600円
Hさん	5,000円
Iさん	3,500円
Jさん	20,000円

この例題をアサーティブ講座で出したところ、さまざまな答えが返ってきました。

（その一）平均値を出したのですが、「平均を出すとなんか高い感じがする」と言うのです。私が考えていることと違う感じ、という意見

（その二）この同級会は昼ですか？　夜ですか？　それにより違う、という意見

（その三）「一番高い二〇〇〇〇円はかけ離れているし、一人しかいないからこの値段は無視しておこう」という方もいました。「この二〇〇〇〇円を

抜いて平均にすればいいのでは?」という意見

（その四）「年に一度くらいの同級会だから、ある程度の値段を出せない人は来なくてもいい」という意見

（その五）「お金を払えなくて来られない人がいるのは困るから、一番安い金額に合わせる」という意見

さて、上記の意見、どれも感情的だったり一方的ですよね。例えば医学の研究を想像してください。薬を飲んで副作用が出たのがたった一人だから「無視しておこう」「なかったことにしよう」としたらこわくないですか?　少数派もみんな平等にしないと不公平だということはわかりますね。お昼のお弁当を頼むのも、そうした公平な視点にしないといけないのではないでしょうか?

ところが、公平にしようとして全部を合計して人数で割ると数字が偏ったものに傾きます。それは皆さんご存知の日本の平均貯蓄額の報道などでわかると思います。「えー、こんなにみんな貯金しているの?」という高額な貯蓄額が報道されますが、

それはものすごいお金持ちが一人いれば、その値が平均値を押し上げてしまうからです。

そこで、数値にばらつきがある場合、集団を把握するのに統計学では「中央値」を使います。中央値は集団の数値の真ん中を示すものです。

この例題を使って、中央値を調べていきましょう。

一番低い五〇〇円から二〇〇〇〇円までを順番に並べてみましょう。

500
500
600
800
1,000
1,200
1,500
3,500
5,000
20,000

そしてこれらの数字の真ん中の数字を選びます。

真ん中は一〇〇〇と一二〇〇になりますね。

この一〇〇〇と一二〇〇の平均を出します。一一〇〇となります。

これがこの集団の中央値です。

いくらにするの？　と聞かれたとき感情的に考えるのではなく「では中央値をとりましょう」というのが冷静かつアサーティブで客観的な視点です。

ただし数字にばらつきがないときは平均値で大丈夫です。

〈例題二〉

次の例題を見てください。

町内会のサッカーの試合でお弁当を頼むことになりました。さあ、いくらにしましょう?

Aさん	500円
Bさん	350円
Cさん	400円
Dさん	600円
Eさん	450円
Fさん	300円
Gさん	550円
Hさん	500円
Iさん	400円
Jさん	550円

右記の数字を見ると、ばらつきはありません。このようなときは平均値(すべての値を足して、人数で割る)でいいのです。

データに偏りがないときには平均値で、ばらつきがあるときには中央値を取りましょう。

二　数字が出ているから科学的とは言えない

今度はCMについて考えていきましょう。

〈例題三〉

「ある食品を食べたら、四〇人中三〇人に効果があり、やせました！」などというCMを見るとつい買いたくなりますよね。でもちょっと待ってください。

「何％に効果があった」といっても、数字があるから正しいと思うのは危険です。たまたま、偶然そうなったのか、それとも確かにその食品やサプリが効果があったのかは、統計的に検証しなければ正確ではないのです。これを確かめるのが統計学です。データを検証して、それが確かに単なる偶然ではない、と確かめるとそれは

Ｐ値という表示で示されます。Ｐはprobability（確率）の頭文字Ｐです。きちんと検証された実験や研究のデータには、必ずこのＰ値が表示されています。$P<0.05$という表示の意味は、「偶然である確率は五％未満」つまり、偶然であることはない、という証明です。

CMを見たとき、データにこの$P<0.05$があるかどうかを確かめてみましょう。こんな視点でCMを見るとちょっとものの見方が変わるはずです。

数字だけで示すのが科学ではありません。中立的に「ものを見る」「判断する」トレーニングをするとアサーティブに役立ちます。いろいろな視点を持つことが大切です。

第8章

アサーティブを活用してみる

アサーティブというと何かキャリアを積んだ人のためのスキルのように感じる方が多いようです。でもそうではありません。もし日常生活の中でごく普通にアサーティブが実行できたら、どんなに生活がスムーズにいくかと思うことがよくあります。ご近所とのかかわり、職場の同僚とのかかわり、ママ友とのかかわりや同級生との卒後のかかわり、その中でコミュニケーションがうまくいけばどんなに快適でしょう。

そうした思いで昨年から女性誌のハルメクが私が特命教授を務める昭和女子大の協力をえて社会人向けのアサーティブ講座を開設しました。

この講座は全五回のシリーズを組み昭和女子大学のキャンパスで行っています。昨年は理事長の坂東眞理子先生も教壇で講義をしてくださいました。

講座の特徴は座学ではなく、私が例題を出し参加者がワークショップ形式で参加すること、そして論文コンクールを行うこと、修了生には大学から修了書が発行され昭和女子大学のメンター応募の資格を得るという特典があります。メンターは有償ボランティアですから勉強したことが収入にもつながるというものです。

キャンパスの中で学生時代を思い出し、生き生きと参加しながらワークショップで話せるようになる方が多く、皆さん熱心に勉強なさっていました。

さて、その中で二〇一八年に行われた論文コンクールの優秀作品を二本ご紹介します。日常生活の中にあるちょっとした出来事をきちんと一つ一つアサーティブに解決する姿勢が素晴らしいと思いました。

コンクール優秀作品

『町内会のお祭りで体験したこと』

荒井　睦

はじめに

私の住む町内会は、古くから自治会活動が盛んでイベントも多い。しかし、自治会役員や婦人部メンバー等は高齢者が多く、上のものに服従するという風潮が強く残っている。何か問題が生じても年長者の意見が通り、年下の若い役員は黙認せざるを得ない。

今回、私にとってどうしても納得のいかない出来事があった。アサーティブに解決しようと試みた体験を述べたいと思う。

方法

私の所属する町内会の自治会婦人部は、七名で平均年齢七五歳。部長は自治会長の奥さんで民生委員のKさん。彼女は長い間この仕事をやっていて、人望も厚く皆から信頼されている。

毎年恒例のお祭りは、Kさんを中心に運営される。町内会のテントを張って、全員でお饅頭二〇〇個と一〇〇円の駄菓子とおもちゃを売る。

ところが、今年は自治会副会長のH氏が飛び入り参加することになった。

彼は著名な陶芸家で、作品を寄付して下さるというのだ。作品は小鉢にマグカップに花瓶。どれも三〇〇〇円は下らないという。全て売れば三万円になるから、その代金を全て寄付しようと言って下さった。

私たちは単純にとても喜んだのであるが、冷静に考えてみるとお祭りにそんな値段で売れるのだろうか？　と少々不安でもあった。

全員で検討はしたものの、勝手に値引きしたら失礼だと忖度し、当初の価格で陳列し、販売した。果たして、お祭りが終わってみると作品は一つも売れず全て残ってしまった。

手にとってみる客はいたが、三〇〇〇円は高いということであった。

当然ながら残された作品はどうしようか、という事になり、私は「腐るものでもないし次回まで保管しましょう」と提案した。

しかし、婦人部部長であるKさんは「せっかくのご厚意なのにH先生に申し訳ないから、作品は婦人部で買い取りましょう。皆さん一個づつ買って下さい。」と強制的な言い方で指示してきた。

他のメンバーも「Kさんが言うなら仕方ないわね」と部長の命令に従う、という感じであった。町内会によくある暗黙の了解である。

私は当たり前のように、好きでもない品物買い取るなんて信じられない！

それはおかしい、絶対に納得できないと思った。そこで随分と迷ったが思い切ってKさんに話してみることにした。

結果

私は婦人部部長のKさんに、以下のように訴えた。

「H先生が大切な作品を寄付してくださったのは、大変ありがたいことだと感謝しております。でもお祭りのテントで一〇〇円の駄菓子と一緒に並べたら、やはり作品の価値が見えなくなってしまいます。本来ならば三〇〇〇円は安価なのかも知れませんが、この状況の中では高値に感じて、お客さんも買うのをためらってしまったのではないでしょうか？　H先生に今回の事を正直に報告して、ご意見を伺うほうが良いと考えます。せっかくの作品なのですから、価値の分かる、本当に欲しいと思う人が購入するべきだと思います。」

そう説明すると、他の婦人部メンバーも全員がうなづいて「そうしましょう」と賛成してくれた。

意外なことにKさんも笑って「先生の個展に行くといつも義理で買っちゃうのよね。タンスの肥やしがまた一つ増えるところだったわ」と快く納得してくれた。

後日、この一件をH先生に話すと、

「もう、差し上げたものなんだから、安く売って構わないんだよ。なんなら、お祭りのおまけにしてプレゼントしたら良かったのにね。役に立たなくて失敗したね。あははは！」

私たちの心配をよそに、H先生は笑って納めてくれた。結局、H先生の作品は敬老会作品展に展示して販売することに決めた。

考察

今回、自治会の人間関係の中で「NO！」から始まる新しい展開を心地良いものとして体験することができた。

振り返ると、私はいつも「返事＝YES！」を良しとして育ってきたように思う。昭和ひと桁の厳しい母に教育され、口ごたえなど許されなかった。

母の言うことは絶対であり、母の機嫌を損ねない様に顔色をうかがいながら生きてきた。

つまり、目上の人の言いなりといっても過言ではなかった。そのことに何一つ疑問も不満も感じなかったのであるから、私も随分と洗脳されていたのだと思う。大人になってからも、結婚しても、常に「はい！」であるように努めた。

どんな時でも、滅私奉公が基本だったし、目上の人に逆らうことなど到底出来なかった。それは当たり前のことと思って疑わなかった。

海原純子先生に、アサーティブという定義を教えていただき、初めて「NO」という正義を知ることが出来た。私にとっては新しい発見で、心に響く勉強であった。「NO」は決していけない言葉ではない。自分が納得できない時は、自ら我慢するのではなく、よくよく考えて、お互いにいいと思える着地点を見つけることが大切なのだとわかった。

そして、思い切って「NO」を言う勇気も忘れてはならないと痛感した。

目上の人の意見であっても、やみくもに頷くばかりでなく、尊重しながらも恐れずに言葉にして伝える勇気が大切だと思った。そして、なぜ「NO」なのか自分の頭でよく考え、決して感情的にならず判断すること、自分の意志で行動していくことが、これからの全ての場面で必要なのだと理解できた。

あのまま、Ｋさんの言う通りに三〇〇〇円を支払っていたらどうなっていただろう。

いつまでも、くよくよと思い悩んで、Ｋさんを憎んでいたかも知れない。その一言を発する勇気が足りないと、自分の不甲斐なさに落ち込んでいたかも知れない。いつもは出来ない行動も、アサーティブを学んだお陰で一歩踏み出すことができた。自信を持って「私は……」と言えるようになった。

これからも、どうしようと悩んだ時は、アサーティブに解決するには？　と考え続けること、自分の心の訴えに耳を傾けることを忘れずに生きていきたいと思います。私にとっては画期的な学びとなりました。

ご指導をいただきました海原純子先生に心から深謝いたします。

コンクール優秀作品

『4つのステップ』

NOと言えず失敗した自分の経験を、講座で学んだ〝NOと言うための4つのステップ〟と比べ見直すことにより、厚意でいらなくなった私物を「あげる・使って」としつこく勧めてくる人に、傷つけずにNOを理解してもらえるよう、立ち振る舞った経緯をまとめてみました。

青木　幸子

INTRODUCTION

二年前に同期入社した一回り以上年下の同僚は、自分の持ち物の良さを語っては「どこどこで買えるから」と周囲に勧めることに喜びを感じている様子で、事務用品、衣服、靴、ダイエット用品の申し込みやら、知人が作る野菜の注文や手芸講習会の生徒集めに至るまで人の世話をすすんで焼いてます。旺盛な奉仕精神を持つところに好感を持ち、特に必要が無いものでもお付き合いと考え毎回応じていました。ところがある時の会話から彼女の行いの動機がカード払いの文字通りのポイントは勿論、職場の人間関係におけるあらゆる点での自分の点数稼ぎだったということを知ることになり、それにより「本当は断りたかった」と言う押し殺していた私の本心がはっきりと浮かび上がりました。

そんな私の変化を知らず、今度は二年も使った仕事用鞄を「使って」と私に勧めてきました。

「今度こそ強く断ろう」と思っていた私は、「思い出の品物をいただくなんて悪いからいいわ」と相手を思いやる言葉でやんわりとお断りしました。すると「全然気にしないで」とズバッと切り返され、続けて勧める使い易いの言葉を否定できず「少し試させてもらう」と受け取ってしまいました。一旦相手に納得してもらってから「使ってみたら○○な点が合わなかった」と理由を付け断ろうと、折れる形を取ればいいと自分に言い訳しながらです。

もやもやしながら数日過ごし、お菓子を添えてやっと返却でき一見落着したものの、撃沈完敗の気分が残り、こんな無駄なことをせず最初からNOとなぜ伝えられないんだろうと、自己嫌悪に陥りました。

METHOD

そこで、今度こそ最初からNOを伝えられる様になるために、アサーティブ講座で学んだNOと言うためのステップと比べ、自分の言動を見直してみることにしました。

学んだステップは次の４つです。

①「ためらう気持ちの時は断ること」
②「そのことに関して納得がいくまで説明を求める」
③「言い訳しない」
④「ごめんなさいといわない」

今回の鞄の件では、①ではためらいを自覚し断ったつもりでしたが、ストレートに言わなかったことに加え、肝心の断り文句に「思い出の品をいただくなんて悪いわ」と、③相手の気持ちを言い訳にしてしまったため主導権が相手にあるまま会話が進むこととなり、せっかく勇気を出して言った断り文句が伝わりませんでした。その上、②の納得がいくまでの説明を求める代わりに、自分で納得できるよう試用期間を設けることを不本意に選んでしまう展開となり、最後に④ごめんなさいの言葉代わりのお菓子までつけて返却しています。

この見直しにより、心では断ろうとしていたにもかかわらず、NOというための四つのステップがパーフェクトに無視されていたため、しっかりと意思が届かなかったという結果になったということが顕わになりました。そして、自分の気持ちに注意を向けていないと決定権が自分にあることがうやむやになり、自分がこの手法を使う機会もないことにも気付かされました。

これまで「あなたファースト」にしているところが自分の長所と思っていた私でしたが、この時、しっかりとNOと伝えるためには「自分ファースト」でなければならないという、私にとっては大きな難題が積み上げられた気がしました。

RESULT

そんな難題に取り組む日がほどなく訪れました。同僚がまたもやお下がりのブラウスを勧め目の前に広げてきたのです。

今回の私は自分の気持ちを正直に見つめ、断りたいときには四つのステップを意識ししっかりとNOと伝えようと心に決めていましたので、

まずは私ファーストに考えたところ「特に無くて困っているわけでもなく、目の前のものがどうしても欲しいとは思わない。」つまりNOと言いたいと分かりました。

それで、「清楚で仕事にふさわしいデザインだと思うけど、私、今持っているものだけで十分で、ものを増やしたくないと思っているからせっかくだけど結構だわ」と丁寧に断りました。

すると彼女がこれはブティック物で生地が良い仕立てがしっかりしているなどと

セールスポイントを並べて言ってきました。

私がステップ①を使いいらないと言っているのに、まだ勧めてくる手強い相手ですが、ひるむわけにはいきません。

私は彼女の話を認めるようにうなずきながらも、NOと叫ぶ自分の気持ちを忘れずに、ステップ②「そのことに対して納得のいくまで説明を求める」を当てはめることにしました。

「では、これを手放そうとした理由は何？」

すると切り返されて驚いたのか少しポカンとした後に「着てみたら襟ぐりが少し小さいし、手持ちの物との組み合わせのイメージが広がらないのよね」と答えました。

そこで遠慮せず「そうね。実は私も、もう少し襟ぐりが大きい方がいいと思ったの。私もこれに合う組み合わせの持ち合わせはないわ。」と彼女と同じことを言ってみました。

彼女は少しばつ悪そうに「でも似合うと思うんだけどな」と私の体にブラウスを当ててきた後、あきらめた顔で仕舞いこんだのです。

正直その間、「似合う」を繰り返し押してこられたらどうしようという思いも起こりましたが、言い訳も理不尽な謝罪も必要ないのだと言い聞かせて、「私は欲しくない」との自分の意思を私も押し返そうと思っていました。

こうしてやっと、不用品を勧めてくる同僚に私の気持ちに蓋をすること無く、NOと伝えることに成功しました。会話中ずっと心の中で「でも、私は、欲しくない」と私の気持ちに焦点を当て自分ファーストでいられたことが、NOというためのステップを使い続ける支えとなったと思います。

DISCUSSION

私のように悩まずにきっぱりと断れる人からは、「そぉんなことでなんでウジウジしているのよ。馬っ鹿みたい。」と笑われてしまうような経験をまとめてみましたが、私にとっては人生を変える大きな学びでした。

今、正直に考えると、私のモットーとしていた「あなたファースト」の精神は、気性の激しい父に気に入られようとして幼少時から身に付けた私の武具のひとつだったと振り返ります。素直で穏やかで寛容な人とも言われ、波風を立てることなく楽に暮らせることは事実ですが、一方では自分を抑えストレスを生み出し病気にもなり、相手の思うようになる「周囲にとって都合のいい人」の生き方だったともいえます。人生の残り時間がうっすらと見えてきた昨今、「この年になってまで我慢していたくない」と言う思いがだんだん強くなりました。

言いたいことを言えないでついつい誰にでもいい顔をしてしまう自分、本当の自分を抑え込んでしまって、人間関係の鬱陶しさから逃れるために大好きな趣味や、大切な宗教の集まりからも遠ざかってしまった極端な自分でしたが、アサーティブという最新最強の武具を見つけることができ、もっと早く出会っていたら好きな事柄を捨てるようなことはなかったのにと心から思いました。

今後は、この武具を磨き使いこなせるよう学び続け、「私ファースト」を大事に、偽りのない自分を表現してゆきたいと思います。

そして、趣味や学びの空間にもう一度戻ってみたいとも思っています。

おわりに

アサーティブは自分らしく生きるスタート

「アサーティブ」に生きる、ということは自分らしく生きることとつながります。「自分らしく」生きることは、「自分だけが」心地よく生きるということではありません。それと同じように、「アサーティブ」に発言し行動することは、自分の考えや思いをきちんと表現すると同時に相手や周りの人の考えや生き方を受け入れることだと思います。

職場でも学校でも、家庭でも、忖度したり、嫌でも我慢するか妥協するか、あるいは相手を支配するか、というタテ関係のコミュニケーションが多い日本社会ではアサーティブというコミュニケーションスタイルは戸惑うものです。

私はこうしたタテ関係のコミュニケーションの中で心を病んだり体調を崩す方と

長年かかわってきました。本書はこうした私のこれまでの臨床経験と大学での研究や教育経験を通して必要な知識と具体的な実践方法をまとめたものです。

アサーティブな行動や発言は日々のトレーニングが必要です。英語の学習と同じように毎日の生活の中でトレーニングを続けてください。本書の制作にあたり金剛出版の中村奈々さんのご尽力をいただきました。深く感謝致します。

二〇一九年七月　海原純子

■ 著者略歴

海原純子（うみはら　じゅんこ）

東京慈恵会医科大学卒業　医学博士　心療内科医
昭和女子大学特命教授
日本医科大学特任教授

女性の為のクリニック所長（1986 ～ 2006）
白鴎大学　教育学部教授（2006 ～ 2013）
昭和女子大学　国際学部客員教授（2012 ～ 2017）
ハーバード大学及び Dana-Farber 研究所・客員研究員（2008 ～ 2010）
Health communication
厚生労働省「健康大使」（2007 ～ 2017）
日本医科大学特任教授（2013 ～現在）
復興庁心のケア事業（2013 ～ 2014）統括責任者
復興庁県外自主避難者支援事業心のケア担当（2014 ～ 2015）
日本生活習慣病予防協会理事
時事通信社 Dr.Junko のメディカルサロン執筆

著書
「こころの格差社会」（角川書店）
「男はなぜこんなに苦しいのか」（朝日新聞社）など
読売新聞「人生案内」回答者、毎日新聞・日曜版「心のサプリ」連載

誰《だれ》でもできる

アサーティブ・トレーニングガイドブック

みんなが笑顔《えがお》になるために

2019年8月30日　発行
2021年5月30日　2刷

著　者　海原　純子
発行者　立石　正信

印刷・製本　シナノ印刷
装丁　臼井 新太郎
装画　保立 葉菜
組版　古口 正枝

株式会社　金剛出版
〒112-0005　東京都文京区水道1-5-16
電話03（3815）6661（代）
FAX03（3818）6848

ISBN978-4-7724-1714-3　C3011　Printed in Japan ©2019

ビジネスパーソンのためのアサーション入門

［著］＝平木典子　金井壽宏

●四六判　●並製　●192頁　●定価 **2,200**円
● ISBN978-4-7724-1487-6 C3011

ビジネス現場でのアサーション活用法は？
アサーションの第一人者と
組織行動論の第一人者とのコラボレーション。

ストレス・マネジメント入門 第2版
自己診断と対処法を学ぶ

［著］＝中野敬子

●B5判　●並製　●210頁　●定価 **3,080**円
● ISBN978-4-7724-1472-2 C3011

すぐに使える25種類の記述式心理テスト
〈ストレス自己診断〉を収録！
ストレス・マネジメント実践のための最良の手引き。

働く人へのキャリア支援
働く人の悩みに応える27のヒント

［編著］＝宮脇優子

●四六判　●並製　●208頁　●定価 **2,640**円
● ISBN978-4-7724-1414-2 C3011

働く人が自分らしい一歩を踏み出せるように
職場のさまざまな悩みに応える
キャリアカウンセリングの基礎的知識をまとめた1冊。

「職場うつ」からの再生

［著］＝春日武彦　埜崎健治

●四六判　●並製　●272頁　●定価 **2,860**円

● ISBN978-4-7724-1323-7 C3011

「現代型うつ」の医学的アプローチ、
家族サポート、リハビリテーションを解説。
新しい自分に生まれ変わるための実践ガイド。

治療者のための

女性のうつ病ガイドブック

［監修］＝上島国利　［編著］＝平島奈津子

●A5判　●上製　●380頁　●定価 **5,280**円

● ISBN978-4-7724-1138-7 C3011

女性特有の症状、経過、治療について詳述し
また合併症や社会的な状況など全方位的な視点から捉えた
本格的な臨床ガイドブック。

幸せはあなたのまわりにある

ポジティブ思考のための実践ガイドブック

［著］＝須賀英道

●四六判　●並製　●200頁　●定価 **2,200**円

● ISBN978-4-7724-1390-9 C3011

あなたの生活を見直してみよう！
ものの見方を変えるだけで
新しい発見はたくさん転がっている！